Traduction : Elizabeth Barféty.
Conception graphique du roman : Audrey Thierry.

Hachette Livre, 43, quai de Grenelle, 75015 Paris.

LES PINGOUINS DE MADAGASCAR

DreamWorks

LE ROMAN DU FILM

hachette JEUNESSE

LES PINGOUINS

COMMANDANT

LE CHEF

Commandant aime l'action et tout ce qui va avec. C'est un leader né avec un seul but en tête : des résultats. Il aborde chaque situation avec intensité, ce qui pourrait expliquer son imagination débordante... Il est aussi généreux et sait se montrer très protecteur avec son équipe, en particulier avec Soldat, qu'il a élevé depuis sa sortie de l'œuf !

KOWALSKI

LE CERVEAU

Volontaire et dévoué, il est capable de mettre au point rapidement n'importe quelle invention chaque fois que Commandant en a besoin. Le problème, c'est que ses trouvailles ne sont pas toujours des plus utiles... Vaille que vaille, Kowalski répond toujours présent quand on a besoin de lui.

RICO

L'ÉLECTRON LIBRE

C'est l'arme ultime de la bande ! Expert en explosifs, il a un stock de munitions caché sous ses plumes, assez impressionnant. Une canne à pêche ? De la dynamite ou encore un tuyau d'arrosage ? Il n'y a qu'à demander ! Il vous fournit exactement ce dont vous avez besoin... Même quand vous ne saviez pas que vous en aviez besoin.

SOLDAT

LE BLEU

Soldat ne sait pas toujours très bien quel est son rôle dans l'équipe. Mais son ouverture d'esprit lui permet d'être l'un des pingouins les plus sociables et le meilleur compagnon pour faire la fête. Dévoué, loyal, courageux, il n'a qu'un seul objectif : prouver à Commandant qu'il n'est pas qu'un simple assistant et devenir un membre reconnu de l'équipe !

LE VENT DU NORD

AGENT CONFIDENTIEL

Son nom est confidentiel, mais il ne s'appelle pas « Confidentiel »... Bon courage pour faire comprendre ça aux Pingouins ! Agent Confidentiel est le chef du Vent du Nord, un commando d'élite secret inter-espèce qui aide les animaux qui ne peuvent pas s'aider tout seuls. Agent secret hyperentraîné, les armes de Confidentiel sont la minutie, le respect du protocole, et des gadgets ultrasophistiqués. C'est comme ça qu'il obtient des réponses... même si ce ne sont pas toujours les bonnes !

EVA

Chargée du renseignement pour le Vent du Nord, Eva est une chouette des neiges qui a tout pour plaire : le cerveau, la beauté et un instinct de tueuse. Discrète et décidée, quand elle est fixée sur un objectif, mieux vaut ne pas se mettre en travers de son chemin !

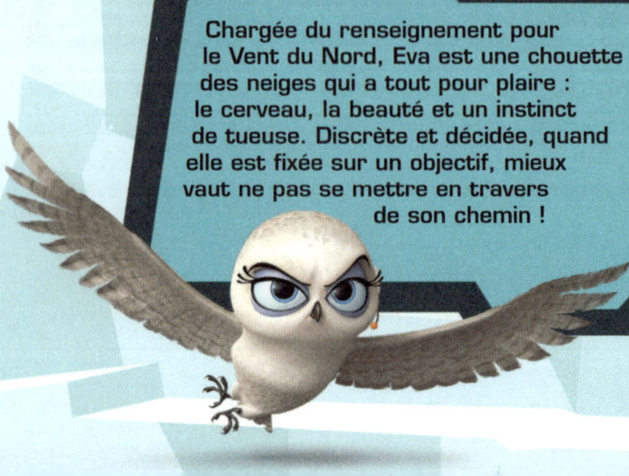

DYNAMITE

Ce bébé phoque a beau avoir l'air adorable, c'est un expert en explosifs qu'il ne faut pas sous-estimer. Et comme il est très susceptible, on peut dire qu'il porte bien son nom…

CAPORAL

Ses 2,50 m et ses 500 kg font de Caporal le membre le plus impressionnant du Vent du Nord. Mais les apparences sont parfois trompeuses : cet ours gigantesque a un faible pour tout ce qui est doux et mignon… notamment les pingouins !

DAVE / DR OCTAVUS BAIGNE

Dave a la rancune tenace. Il déteste les pingouins, et en particulier Soldat, le plus mignon d'entre eux. C'est un horrible poulpe gluant qui rêve de transformer les pingouins des zoos et aquariums du monde entier en monstres très laids. Dave prend souvent l'identité de Dr Octavius Baigne, un célèbre scientifique. Il dirige un groupe de poulpes qui rêvent eux aussi de se venger de tous les pingouins. Comme lui, ils peuvent changer de couleur pour se camoufler. Leurs talents de ninjas et les ventouses de leurs bras font d'eux des adversaires redoutables.

La naissance de Soldat

Commandant. Kowalski. Rico. Soldat. Ce ne sont pas des pingouins ordinaires... Ils forment une unité d'élite. Des soldats. Des héros. Pour eux, tout a commencé lorsque Commandant, Kowalski et Rico étaient encore bébés, en Antarctique...

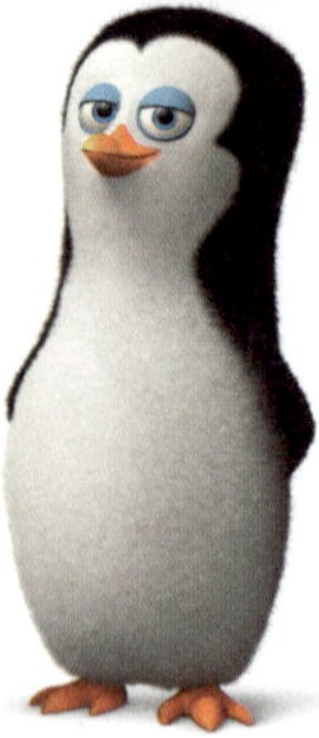

Les trois jeunes pingouins marchent tranquillement sur la banquise, au milieu de leurs congénères, quand, tout à coup, un œuf roule devant eux et se dirige droit vers la falaise. Il va tomber !

Commandant se lance à sa poursuite, mais trop tard ! L'œuf chute et atterrit quelques mètres plus bas, sur le pont d'un vieux bateau abandonné. L'animal s'apprête à plonger à sa suite. Heureusement, Kowalski et Rico le rattrapent par les pattes. Tous les trois jettent un coup d'œil en bas : ouf, l'œuf est intact !

Manque de chance, un énorme léopard de mer vient juste de grimper sur le pont... Les pingouins dévalent la glace pour rejoindre le bateau... et s'emparent de l'œuf juste avant que le phoque l'atteigne. Pour le transporter, Rico l'avale, puis les pingouins utilisent un fusil harpon pour échapper au prédateur et rejoindre un iceberg. Une fois en sécurité, Rico régurgite l'œuf. Ils ont réussi !

C'est alors qu'on entend un petit bruit… La coquille de l'œuf se fendille légèrement, puis un peu plus. Soudain, la tête d'un adorable bébé pingouin apparaît ! C'est Soldat. Il leur sourit et dit :

– Bonjour ! Vous êtes ma famille ?

Les frères se regardent. Ils se trouvent sur un bloc de glace qui s'éloigne lentement de l'Antarctique, au milieu d'un océan rempli de prédateurs qui n'attendent qu'une chose : les dévorer.

– Tu n'as pas de famille et nous allons tous mourir, répond Kowalski.

– Personne ne va mourir ! corrige Commandant en voyant le bec de Soldat trembler. Quelle est notre trajectoire, Kowalski ?

Kowalski lève une nageoire et observe les environs.

– Eh bien, je dirais qu'on court à notre perte, avec un taux de certitude de 95 %...

– Et que nous réservent les 5 % restants ? interroge Commandant.

– L'aventure et la gloire, comme nul autre pingouin ne les a connues avant nous !

Bon anniversaire, Soldat !

Dix ans plus tard, les Pingouins s'occupent de la sécurité dans un cirque africain en tournée aux États-Unis. Mais ce soir, ils sont en mission. À l'extérieur du chapiteau, Rico allume une longue mèche. La flamme avance rapidement, entre sous la tente, et file vers un canon coloré, dans lequel les Pingouins, rejoints par Rico, s'entassent… en attendant le décollage !

BOUM ! La puissance du tir les éjecte du chapiteau. Une fois dans les airs, Kowalski déroule une banderole que les Pingouins utilisent comme une aile pour planer.

– Il y a dix ans jour pour jour, un œuf a éclos, et notre monde est devenu un peu plus mignon, déclare Commandant. Ce soir, Soldat, nous fêtons ton anniversaire en nous introduisant à Fort Knox, la plus importante réserve d'or des États-Unis !

– Quoi ?! demande Soldat, inquiet.

Déjà, la forteresse apparaît.

– Nous approchons de notre cible, annonce Kowalski, quelques instants seulement avant que...

BLAM ! Les Pingouins s'écrasent contre un mur. Reprenant rapidement leurs esprits, ils observent leur environnement. Deux gardes sont postés à l'entrée.

– Commandant, je ne crois pas que...

– Est-ce que tu remets en cause mon autorité, Soldat ?

– Non, chef ! répond rapidement le jeune pingouin.

– Dommage, réplique Commandant. Je respecte les soldats qui ont des tripes !

– Vraiment ? interroge Soldat, plein d'espoir. Dans cas, je crois vraiment que nous ne devrions pas...

– Oh ! Pas trop de tripes non plus, Soldat !

Puis, devant l'air boudeur qu'a pris le jeune pingouin, Commandant ajoute :

– Tu es toujours aussi adorable, toi.

Soldat soupire. Est-ce qu'un jour Commandant le prendra enfin au sérieux ?

Les Pingouins suivent le plan prévu pour pénétrer dans la forteresse : ils lancent un jouet entre les deux gardes. Au contact du sol, l'objet diffuse un gaz soporifique.

Les Pingouins peuvent passer ! Une fois à l'intérieur, ils utilisent leur talent de camouflage pour ne pas se faire repérer. Enfin, ils atteignent le coffre-fort. Kowalski s'occupe du code et, après quelques instants, la porte s'ouvre, révélant une montagne de lingots d'or !

– Soldat, si tu pouvais obtenir n'importe quoi, quel cadeau souhaiterais-tu ? demande Commandant.

– Eh bien, ce que je voudrais, c'est être considéré comme un membre estimable et estimé dans cette équipe ! répond le jeune pingouin après un instant de réflexion.

– Oh ! D'accord. En réalité, nous avions pensé à autre chose...

Commandant le conduit jusqu'à un distributeur automatique. Soldat le regarde sans comprendre.

– Ce n'est pas un distributeur comme les autres, explique Commandant. C'est le dernier endroit au monde où l'on peut trouver ces succulents biscuits apéritifs soufflés bien chimiques...

Soudain, Soldat écarquille les yeux. Il vient de voir ce que contient la machine.

– Des Cracki-From ! s'écrie-t-il joyeusement.

– Joyeux anniversaire ! lance Commandant en lui tendant une pièce.

Soldat se précipite pour embrasser ses frères, avant de se diriger vers le distributeur. Mais au moment où le paquet tombe, deux tentacules surgissent, attrapent Soldat et l'attirent à l'intérieur de la machine ! Puis c'est au tour de Rico, Kowalski et Commandant d'être aspirés à leur tour. Six tentacules sortent ensuite du

distributeur, qui se met en marche... et court jusqu'au toit de la forteresse. Là, un hélicoptère le saisit grâce à une énorme pince métallique, avant de disparaître dans la nuit...

C'est à Venise, en Italie, que l'hélicoptère s'arrête enfin. Lentement, le distributeur descend dans un sous-marin à quai. Une fois à l'intérieur, la machine s'ouvre pour révéler la cage où sont emprisonnés les Pingouins.

– Analyse de la situation, Kowalski ! ordonne Commandant, qui comme les trois autres, est couvert de miettes de Cracki-From.

– Tout indique que j'ai trop mangé, chef.

– Nous sommes derrière les lignes ennemies, reprend Commandant. Rico, fais-nous sortir de là !

Le pingouin régurgite un trombone, qu'il utilise pour crocheter la serrure de leur cage.

– Beau travail, Rico. Tu es vraiment un membre estimable et estimé dans cette équipe ! le félicite Commandant.

Soldat soupire. Que doit-il faire pour entendre ces mots, lui aussi ? Il tente d'imiter Rico en avalant le trombone à son tour... et manque de s'étouffer ! Soudain, il remarque quelque chose.

– Un bouton ! s'écrie-t-il joyeusement, avant d'appuyer dessus.

Le sol s'abaisse sous leurs pattes,

et ils se retrouvent dans une autre pièce. Une voix bizarre les accueille :

– Je suis ravi de vous revoir... Commandant, Kowalski, Rico... Et toi, Soldat, toujours aussi adorable !

Un homme étrange vêtu d'une blouse de laboratoire se tient sur la passerelle, au-dessus d'eux... son énorme tête en bas !

– Qui êtes-vous ? demande Commandant.

– Les humains me connaissent sous le nom de Dr Octavius Baigne, répond-il en avançant vers les Pingouins. Mais pour vous, je serai toujours... DAVE !!!

Au moment où il prononce ce nom, un énorme poulpe violet jaillit du déguisement d'homme.

– Dave ? répète Kowalski, sans comprendre.

– Vraiment ?! Vous ne me reconnaissez pas ? s'étonne la créature, vexée.

Le poulpe s'approche d'une impressionnante collection de

boules à neige et s'empare de celle qui met en scène le zoo de New York.

– C'est là que je vivais... J'étais capable de prouesses, comme de me glisser dans un bocal minuscule. Mais du jour où vous êtes arrivés, plus personne ne s'est intéressé à moi. Vous étiez si *mignons*... J'ai été baladé de zoo en zoo et d'aquarium en aquarium. Partout, c'était la même histoire !

– C'est affreux, chuchote Soldat en essuyant une larme.

– Que voulez-vous ? Certains animaux sont nés pour être aimés, tandis que les autres sont délaissés.

Rico profite du discours de Dave pour avaler toutes ses boules à neige.

On ne sait jamais, ça pourrait leur être utile...

Commandant tente de calmer le poulpe.

– Voyons Daryl, tu ne peux pas nous tenir pour responsables de tous tes malheurs...

– Bien sûr que si ! rétorque Dave. C'est le principe de la vengeance !

Le mollusque brandit un récipient rempli d'un liquide vert et gluant.

– Grâce à ce sérum de mon invention, j'ai enfin le pouvoir de vous détruire !

D'un claquement de tentacule, Dave appelle trois autres poulpes, à qui il ordonne de s'emparer des Pingouins.

– J'ai une mauvaise nouvelle pour toi, Dennis, réplique Commandant. Tu t'en prends aux mauvais oiseaux... Nous sommes l'archi-élite de l'élite, et nous allons te prendre ce truc vert avant de filer d'ici !

– Ah oui ? se moque le poulpe. Et comment ?

Aussitôt, Commandant bondit sur les épaules de Soldat, Kowalski sur celles de Commandant et Rico sur celles de Kowalski. Ce dernier appuie sur le ventre de Rico, libérant une avalanche de poussière de

Cracki-From qui aveugle les poulpes !

Dave lâche le récipient, que Rico s'empresse d'avaler, puis, en un éclair, les Pingouins s'enfuient par l'écoutille du sous-marin.

– Rattrapez-les ! ordonne Dave.

Course-poursuite en gondoles

À l'extérieur, les Pingouins découvrent que les seuls véhicules disponibles à Venise... sont des gondoles !

– Taxi ! crie Commandant, avant de sauter dans le bateau le plus proche, occupé par un couple et un guitariste qui leur joue la sérénade.

Les autres Pingouins suivent, éjectant le couple au passage.

– On y va ! ordonne Commandant, en voyant que les sbires de Dave les ont pris en chasse.

Soldat et Rico attrapent chacun une rame, et c'est parti pour une course-poursuite sur les canaux de Venise !

– Méchants à six heures ! prévient Soldat.

– Kowalski, en position ! lance Commandant, avant de sauter sur les épaules de son coéquipier.

Une rame à la main, il fait face aux poulpes, prêt à combattre. *SPLASH !* Un des poulpes envoie un jet d'encre en plein dans les yeux de Commandant.

– Aïe ! Ça pique ! J'ai perdu le visuel ! Kowalski, guide-moi !

En suivant les instructions de son frère, Commandant lance de grands coups de rame qui font tomber à l'eau les poulpes et leur gondolier. Mais, même une fois dans le canal, les mollusques n'abandonnent pas la chasse... Deux d'entre eux forment une catapulte pour lancer le troisième sur les Pingouins.

– On passe en mode tout-terrain ! hurle Commandant.

Les Pingouins utilisent les rames comme des échasses pour avancer sur la terre ferme. Mais les poulpes les suivent en passant par les égouts ! Les poursuivants des Pingouins s'emparent des rames une à une, jusqu'à ce que la gondole chute... sur un scooter.

Utilisant une camionnette comme tremplin, l'équipe se retrouve sur les toits. En rentrant dans une serviette qui séchait là, Commandant est enfin débarrassé de l'encre qui l'aveuglait.

– Je vois ! s'écrie-t-il, avant qu'une chaussette ne vienne s'enrouler

autour de sa tête, le privant de nouveau de la vue.

La gondole finit sa course folle en retombant sur le sol, où elle est coupée en deux par une moto !

Les Pingouins sont projetés dans les airs. Ils se relèvent, épuisés et dos au mur. Leurs poursuivants se rapprochent, menaçants... Commandant ordonne :

– Maintenant, on active le piège !

– Je crois que c'est nous qui sommes piégés, chef, répond Kowalski.

Alors que tout semble perdu, une chouette des neiges surgit de nulle part et emporte un poulpe dans les airs. Puis un bébé phoque neutralise un deuxième poulpe tandis qu'un ours polaire géant terrasse le dernier.

– Désolé d'avoir sous-estimé le plan, Commandant, bredouille Kowalski, stupéfait.

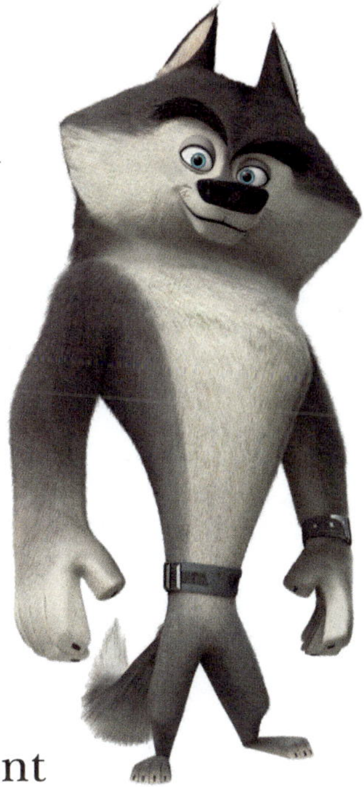

Un avion s'arrête au-dessus d'eux, et un loup en descend.

– Gardez votre calme, les pingouins ! dit-il. Vous êtes maintenant sous la protection du Vent du Nord. Inutile de nous remercier.

Les Pingouins sont perplexes, mais n'ont pas le temps de poser de question : on les conduit déjà à bord de l'avion. À l'intérieur, l'ours polaire les observe avec délice.

– C’est fou ce que vous êtes mignons ! Adooorables ! Et tout doux, en plus ! s’exclame-t-il en les serrant dans ses bras.

– Caporal ! le rappelle à l’ordre le loup. Retour au quartier général !

Commandant n’aime pas trop la tournure que prennent les événements et il entend bien le faire savoir.

– Soldat, ravitaillement ! lance-t-il en tendant la nageoire.

Le jeune pingouin y dépose un paquet de Cracki-From tout neuf.

Puis Commandant se tourne vers le loup et déclare :

– Nous n’irons nulle part. On ne sait même pas qui vous êtes !

Le loup tente de présenter son équipe, mais Commandant

fait exprès de l'interrompre sans cesse en mâchant bruyamment ses Cracki-From.

– Le Vent du Nord est un commando d'élite... *Crouch*... inter-espèce... *Crouch*... qui a pour vocation... *Crouch*... d'aider les animaux... *Crouch*... qui ne peuvent pas... s'aider tous seuls ! Comme les pingouins, par exemple ! explique le loup.

– Vraiment ? réplique Commandant, vexé. Et vous êtes ?

– Mon nom est confidentiel, répond le loup.

– Confidentiel ? C'est hollandais ? demande Commandant.

– Mais non, mon nom est confidentiel, pas « Confidentiel » ! Et voici Dynamite, notre expert en explosifs, ajoute-t-il, en désignant le bébé phoque, avant de se tourner vers la chouette. Eva est notre spécialiste du renseignement.

Une fois l'équipe passée en revue, c'est au tour de Commandant de présenter les Pingouins, en terminant par le plus jeune d'entre eux.

– Soldat est notre... euh... notre secrétaire et mascotte !

Le Pingouin tente de masquer sa déception. Est-ce vraiment ainsi que les autres le voient ?

L'avion a volé jusqu'au Grand Nord et plonge à présent droit vers un iceberg, qui s'ouvre au dernier moment pour révéler la base secrète high-tech du Vent du Nord.

Peu de temps après, tout le monde est réuni autour d'une grande table, dans la salle de commande du quartier général. Sur le grand écran, au mur, une carte du monde est affichée.

– Dites-moi tout ce que vous savez sur le Dr Octavius Baigne ! ordonne Agent Confidentiel.

– Mon équipe a découvert que le docteur est en réalité un poulpe du nom de Derek, explique Commandant.

– Dave, corrige Kowalski.

Gêné, le loup retire une photo de mouton du mur : il s'était trompé sur l'identité réelle de leur ennemi...

– Ce que vous ignorez, c'est que cet individu développe un redoutable « sérum de méduses » dans son laboratoire, annonce Agent Confidentiel, décidé à reprendre la main.

Sur un signe de Commandant, Rico régurgite le récipient rempli de liquide vert qu'il a volé au poulpe.

– Comme vous le voyez, réplique fièrement Commandant, Dave n'utilisera son sérum sur personne !

Mais le triomphe des Pingouins est interrompu par leur ennemi en personne, qui fait soudain irruption sur l'écran de la salle.

– Il a piraté notre système ! s'alarme Caporal.

Mais bien que le poulpe soit visible, on n'entend pas le son de sa voix.

– Dave ! Ton micro n'est pas allumé ! lui crie Kowalski.

– À chaque fois qu'un méchant nous appelle, c'est pareil ! soupire Dynamite.

Quand le poulpe réussit enfin à faire fonctionner son ordinateur, il leur apprend qu'il possède une grande quantité de sérum de méduses, mais également qu'il compte l'utiliser sur tous les pingouins du monde !

– Maintenant, si vous voulez bien m'excuser, j'ai une revanche à prendre ! termine-t-il.

Et il coupe la communication. Au même moment, une alerte résonne dans la salle.

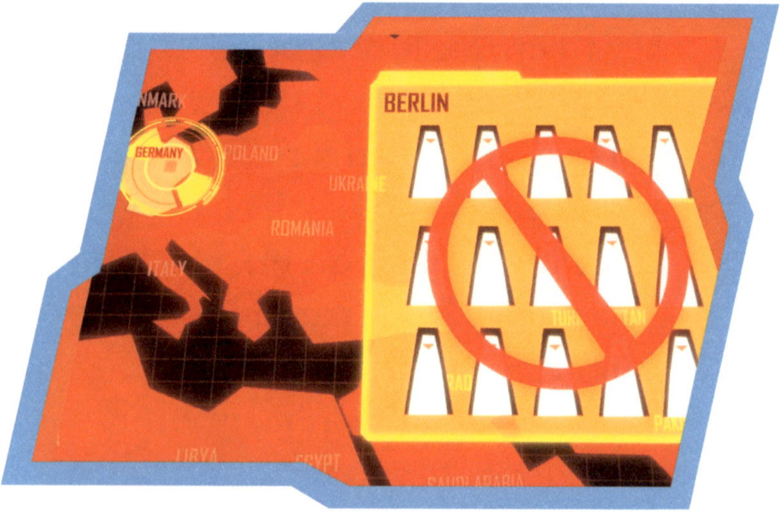

– Quinze pingouins enlevés au zoo de Berlin ! annonce Eva.

Visiblement, le plan de Dave est lancé !

– On y va ! crient en chœur Agent Confidentiel et Commandant.

Les deux chefs se dévisagent perturbés : ils sont tous les deux habitués à donner les ordres.

– Ce n'est pas une mission pour une bande de pingouins pathétiques ! lâche le loup.

Et puisque Commandant refuse d'entendre raison, il profite d'un moment d'inattention des Pingouins pour leur envoyer des fléchettes anesthésiantes. Ils s'écroulent tous les quatre.

Chute libre

Les agents du Vent du Nord placent les pingouins endormis dans un colis prêt à être expédié à Madagascar. De cette façon, ils sont sûrs de ne pas les avoir dans leurs pattes pendant la mission !

Quelques heures plus tard, les Pingouins se réveillent dans la soute d'un avion.

– Ce chien de Confidentiel veut nous exclure de la mission ! grogne Commandant. Il croit qu'on ne peut pas sauver les pingouins parce qu'on est... des pingouins ! Mais au contraire, si quelqu'un peut accomplir cette mission, c'est bien nous !

– On doit être à 10 000 m du sol, fait remarquer Kowalski. Cela limite quelque peu nos options...

–J'ai ma propre option ! rétorque Commandant, en appuyant sur le bouton rouge qui déclenche l'ouverture de la soute.

Immédiatement, les Pingouins sont éjectés de l'avion.

– Manœuvre géniale, Commandant ! Mais il semblerait que nous

soyons maintenant à l'extérieur de l'avion, remarque Kowalski.

– Je me suis un peu emballé, reconnaît Commandant.

– Pourquoi on ne prendrait pas celui-là ? demande Soldat en désignant un avion de ligne qui passe.

BLAM ! Les Pingouins percutent le pare-brise de l'avion et sont aussitôt balayés par les essuie-glaces.

Ils avisent un autre avion et foncent dans sa direction.

– Visez la première classe ! hurle Commandant.

BLAM ! Ils traversent la carlingue et atterrissent à l'intérieur, où les passagers effrayés sont en train de petit-déjeuner. Repérant un croissant, Kowalski annonce :

– Nous volons vers Paris.

– Ah non ! Transfert ! décide Commandant.

Montés sur l'un des chariots des hôtesses, les Pingouins sautent vers un autre avion... mais manquent leur cible. Les voilà qui chutent dans les airs !

Heureusement, ils ne sont pas les seuls : les colis que transportait le premier avion vont pouvoir leur servir. Soldat y déniche même un parachute.

– Soldat, arrête de jouer avec ce sac à dos ! lui lance Commandant. Trouve quelque chose d'utile !

Rico, lui, souffle dans un tube qui dépasse d'un colis... et un château gonflable en surgit brusquement, amortissant leur chute !

Après avoir passé une bonne heure à rebondir joyeusement, les Pingouins décident de reprendre le cours de leur mission.

– Bien, si nous voulons arrêter Dexter, nous devons découvrir quelle sera sa prochaine cible, annonce Commandant.

Les agents du Vent du Nord ont un coup d'avance sur les Pingouins, mais un de retard sur Dave. À Tokyo, Londres, Paris, Rio, Amsterdam... Ils arrivent toujours trop tard.

Caporal est si frustré qu'il en mange son clavier d'ordinateur.

– Calme-toi ! ordonne Agent Confidentiel. On va sauver ces pauvres pingouins sans défense, ne t'inquiète pas. Nous sommes le Vent du Nord... et rien n'arrête le vent !

Soudain, une alarme retentit dans le cockpit.

– Chef ? appelle Eva, la chouette. Les Pingouins que nous avions envoyés à Madagascar... Ils se sont volatilisés !

Au même moment, à l'autre bout du monde, les Pingouins sortent d'une bouche d'égout, au cœur d'une ville animée.

– Quelle est notre position, Kowalski ? interroge Commandant

– D'après mes calculs, nous sommes à Dublin.

En réalité, les Pingouins se trouvent à Shanghaï, la plus grande ville de Chine... Mais ils n'en ont aucune idée !

Commandant repère un petit poulpe sur un stand de marché. Il se précipite, l'attrape et le secoue en criant :

– Dis-moi où est Dave !

– Hum... C'est un bébé... fait remarquer Kowalski.

Gêné, Commandant repose le petit poulpe et se met à faire les cent pas.

– Regardez ! s'écrie Kowalski en désignant un écran géant, sur lequel est diffusé le journal télévisé.

Une carte du monde apparaît. Sur celle-ci sont signalés tous les lieux où des pingouins ont été enlevés. Rico semble soudain avoir une idée. Il régurgite les boules à neige de Dave les unes après les autres... Elles correspondent !

– La collection de Dave ! comprend alors Commandant. Elle représente tous les zoos et aquariums qui l'ont mis à la porte ! Rico, dis-moi où nous devons aller !

Le pingouin régurgite la dernière boule à neige sur laquelle on peut lire « Shanghaï ».

– Allons-y les gars ! s'exclame Commandant.

Tous sautent dans un colis sur lequel ils ont inscrit « Shanghaï », et se jettent à l'intérieur d'un camion de livraison. Bien sûr, le livreur n'a pas besoin d'aller bien loin... Ils les reposent exactement là où ils étaient. Pourtant, les Pingouins sont persuadés d'être à présent à l'autre bout du monde !

À peine sortis du camion, ils repèrent une affiche qui annonce un spectacle de pingouins déguisés en sirènes à l'aquarium. Ils se mettent immédiatement en route.

Pendant ce temps, dans le sous-marin de Dave, ses sbires poussent les cages dans lesquelles sont enfermés les pingouins.

– Avez-vous retrouvé Commandant et son équipe ? demande Dave à l'un des poulpes.

Mais ce dernier secoue la tête. Aucun signe d'eux.

– Trouvez-les-moi ! ordonne Dave, alors que le sous-marin fait surface à Shanghaï.

À l'aquarium, les Pingouins attendent l'horrible poulpe.

– Ouvrez l'œil ! conseille Commandant. Dave est un expert en déguisement... À toi de jouer, Soldat ! ajoute-t-il.

Le jeune pingouin apparaît alors vêtu d'un costume de sirène. Il doit servir de diversion, et il déteste ça. Pourtant, la tactique fonctionne : tous les spectateurs n'ont d'yeux que pour lui !

– Il est trop mignon ! crie une petite fille.

Enfin, Commandant repère Dave, déguisé en Dr Octavius Baigne. C'est le moment de passer à l'action. Rico brise la vitre d'un des bassins, et l'eau se répand sur le sol, entraînant Dave dans une autre salle. C'est là que se trouve Kowalski : il a saboté les fils qui attachent un énorme squelette de baleine au plafond.

Les agents du Vent du Nord débarquent juste à temps pour voir le squelette tomber et emprisonner Dave !

– Vous arrivez un peu tard ! triomphe Kowalski.

– Inutile de nous remercier ! se moque Commandant.

Les deux équipes d'élite se disputent... si bien que le prisonnier en profite pour s'échapper par une canalisation !

Dave file droit sous le bassin des pingouins-sirènes et les attire un à un.

– Commandant ! Au secours ! hurle Soldat, avant d'être aspiré dans les canalisations à son tour.

CHAPITRE 5

À la poursuite de Dave

Commandant, Kowalski et Rico plongent dans les canalisations et nagent sur la piste de Soldat, jusqu'à ce qu'ils débouchent dans l'océan. Quand ils font surface, ils aperçoivent le sous-marin de Dave qui s'éloigne rapidement.

– Il a Soldat ! Rico, fais quelque chose ! supplie Commandant.

Les trois Pingouins sont pris de panique.

– Activez le protocole de surcharge émotionnelle ! ordonne Commandant.

Aussitôt, Kowalski le gifle. Puis Commandant gifle Rico, et Rico gifle Kowalski. Et ainsi de suite jusqu'à ce qu'enfin ils reprennent leurs esprits.

Kowalski pointe l'avion du Vent du Nord de la nageoire.

– Tu peux conduire ça ? l'interroge Commandant.

– Il n'y a qu'un seul moyen de le savoir, réplique Kowalski.

Les Pingouins embarquent donc et commencent par tenter de lire le manuel de pilotage...

– Non, je ne sais toujours pas lire, finit par admettre Kowalski.

Ce qui n'empêche pourtant pas les Pingouins de décoller... sous le regard furieux d'Agent Confidentiel, qui n'a pas dit son dernier mot.

Il monte à bord d'un petit bateau avec son équipe et, grâce un aimant relié à un long câble, arrime l'embarcation à l'avion !

Agent Confidentiel entreprend ensuite d'escalader le filin pour rejoindre l'appareil. À l'intérieur, les Pingouins s'aperçoivent qu'ils sont ralentis. Mais selon eux, c'est parce que l'avion est trop lourd. Ils décident donc d'en jeter tout le contenu... Tasses, chaises, casques : tous les objets tombent droit sur le pauvre Agent Confidentiel. Et quand les Pingouins se mettent à vider les toilettes de l'avion, le loup pousse un hurlement horrifié. Il retombe sur le bateau de son équipe, trempé et puant.

Vexé, Agent Confidentiel frappe un grand coup. En enroulant le câble autour d'un rocher, il stoppe l'avion en plein vol. Dans le cockpit, le choc est rude... et Rico presse accidentellement le bouton activant l'autodestruction ! Les Pingouins ont juste le temps de s'éjecter avant que l'avion explose…

Furieux d'avoir perdu leur avion, les agents du Vent du Nord se vengent en laissant les Pingouins sur un radeau de fortune sans aucun confort, tandis qu'eux se prélassent dans un canot de sauvetage parfaitement équipé en dégustant un bon repas.

Soudain, un signal attire l'attention de Caporal.

– Ils sont sur cette île isolée ! annonce l'ours polaire.

Agent Confidentiel explique aux Pingouins qu'ils viennent de localiser Soldat grâce à la fléchette anesthésiante qu'il a gardée sur lui.

– Vous voyez, mieux vaut laisser faire les professionnels ! conclut-il.

Dans le sous-marin de Dave, des centaines de pingouins sont emprisonnés. Parmi eux se trouve Soldat, toujours déguisé en sirène.

– Rassurez-vous, mon sérum de méduses ne va pas vous tuer, leur annonce Dave. Ce ne serait pas drôle... Laissez-moi vous montrer ses effets !

Le poulpe choisit un pingouin au hasard pour servir de cobaye. Il pointe un rayon sur le malheureux prisonnier. Lorsqu'il appuie sur un bouton, le rayon projette le sérum vert sur la pauvre victime... qui se transforme en un véritable monstre !

– L'étape suivante sera l'invasion des horribles pingouins mutants sur New York ! proclame Dave, triomphant.

Soldat ne peut retenir un cri, qui révèle immédiatement sa présence à Dave. Le poulpe le sort de sa cage, ravi.

– Vous ne vous en sortirez pas comme ça ! menace Soldat. Mes frères vont venir vous flanquer une raclée !

Dave sourit.

– Annulez les recherches ! lance-t-il à ses sbires. Les Pingouins vont venir à nous...

Le soleil se couche quand les Pingouins et les agents du Vent du Nord arrivent près de l'île où est stationné le sous-marin. Ils observent les poulpes qui gardent les environs.

– On va avoir besoin d'une diversion, prévient Kowalski.

Commandant tente de convaincre Agent Confidentiel et son équipe de jouer ce rôle... sans succès.

– C'est moi qui donne les ordres, ici ! réplique le loup. Vous ferez diversion, compris ?

Les deux chefs se font face, furieux.

– Messieurs, il n'y a qu'un moyen de trancher la question, intervient Eva.

–S’embrasser ? propose Kowalski, sous le charme de la chouette des neiges depuis qu’il l’a rencontrée.

– Un combat de plans ! précise-t-elle au même moment.

CHAPITRE 6

Le combat de plans

Les deux équipes d'élite ont des façons très différentes de présenter leurs plans. Les Pingouins dessinent le sous-marin sur le sable, utilisent un caillou pour marquer la position de Soldat et un ananas pour représenter Dave. Puis, pour faire la démonstration de leur stratégie,

Commandant, Kowalski et Rico se contentent de rouer l'ananas de coups de pieds et de poings !

– Des questions ? interroge ensuite Commandant, fier de lui.

Bien évidemment, pour sa présentation, Agent Confidentiel a recours aux technologies les plus avancées : projection en 3D – il tend des lunettes adaptées aux Pingouins –, cartes détaillées des environs et du sous-marin, graphiques en tout genre... Il a même prévu une bande-son !

– À 21 h 50, vous, les Pingouins, faites diversion auprès des gardes. À 22 h, Dynamite ouvre une brèche dans la coque du sous-marin, et à 22 h 09, mission accomplie !

Au moment exact où le loup prononce ces derniers mots, le sous-marin à l'image explose avec un *BOUM !* sonore.

Commandant voit bien que son équipe a des doutes. Il tente de reprendre le dessus.

– Un plan efficace, ça ne se limite pas à de grands mots et des effets spéciaux !

– Oh, c'est vrai que toi, tu sais ce qu'est un plan efficace ! réplique Agent Confidentiel, sarcastique. Votre opération à Shanghaï a été un tel succès que Dave a capturé l'un des vôtres !

Rongé par la culpabilité, Commandant baisse la tête. Les mots du loup ont achevé de le convaincre qu'il n'était pas à la hauteur. Il cède et accepte que les Pingouins suivent le plan du Vent du Nord.

Voilà pourquoi, un peu plus tard, les Pingouins se retrouvent déguisés en un groupe de danseurs folkloriques tyroliens, avec culotte de cuir, bretelles et accordéon. Les poulpes aiment tellement le spectacle qu'ils suivent les Pingouins dans la jungle, laissant le sous-marin sans surveillance.

Les agents du Vent du Nord en profitent pour entrer, et parviennent rapidement jusqu'à Dave.

– Haut les tentacules ! ordonne Agent Confidentiel en pointant son arme sur lui.

Soudain, des dizaines de poulpes tombent sur les agents du Vent du Nord. C'était un piège !

Dans la jungle, les Pingouins vérifient l'heure et, au moment précis où Soldat devrait être libéré, lancent une fusée de feu d'artifice. Mais quelque chose cloche.

– Pas d'explosion... remarque Kowalski.

BLAM ! Une horde de poulpes s'abat sur eux et, avant qu'ils aient compris ce qui leur arrivait, les Pingouins se retrouvent emprisonnés dans une cage et conduits dans le sous-marin. Ils y croisent les agents du Vent du Nord, eux aussi prisonniers, puis sont conduits devant Dave.

– Bienvenue ! leur lance le poulpe, fier de lui.

Puis il désigne le pauvre Soldat, attaché à une table, le rayon lanceur de sérum pointé sur lui.

– Arrête immédiatement de le viser avec ce rayon mortel ! s’écrie Commandant.

– Ce n’est pas un rayon mortel, explique Soldat. Il veut nous transformer en monstres !

– Quoi ? Mais être adorable, c’est le truc de Soldat ! Tu ne peux pas lui enlever ça ! proteste Commandant.

Il demande à Rico de régurgiter un trombone pour les libérer... sans succès ! Pourtant, cela donne une idée à Soldat...

Sans pitié, Dave active le rayon. *ZAP !* Quand la fumée verte disparaît, plus de Soldat !

– Vous l'avez désintégré ! accuse Commandant.

– Un mauvais réglage, sans doute, rétorque Dave en haussant les épaules. Maintenant, cap sur New York !

Alors que la salle se vide, personne ne remarque Soldat, caché derrière la table. Dans sa nageoire, il tient le trombone qui lui a permis de s'échapper !

CHAPITRE 7

À New York

Pendant ce temps, les agents du Vent du Nord sont en mauvaise posture. Les sbires de Dave les ont attachés sur une plate-forme qui avance lentement vers un compacteur. Dans quelques instants, ils vont se faire écraser !

– On va mouriiir ! hurle Agent Confidentiel en perdant complètement son sang-froid.

Mais au dernier moment, la plate-forme recule. Soldat vient de prendre les commandes de la machine. Ils sont sauvés !

– Mes compliments ! lance le loup, gêné. Bien, ajoute-t-il pour son équipe, il est temps de s'occuper de Dave.

Soldat s'apprête à les rejoindre, ravi, mais il se rend compte que les agents vont dans le mauvais sens.

– C'est par là ! corrige-t-il. On doit aller sauver Commandant, Kowalski et Rico !

– Bien sûr, répond Agent Confidentiel. Nous reviendrons

les aider après un passage au quartier général pour nous équiper et préparer un nouveau plan.

Soldat est déçu et furieux.

– Jamais Commandant n'abandonnerait l'un des siens ! hurle-t-il, avant de partir seul au-devant du danger.

Entre temps, le sous-marin est arrivé à New York. À l'extérieur, une foule attend : Dave a pris soin d'annoncer le retour des Pingouins enlevés, et personne ne voudrait manquer cet adorable spectacle !

Dave surgit de l'eau, un micro à la main.

– Amateurs de pingouins venus du monde entier ! commence-t-il. Devinez qui j'ai retrouvé ?

La foule rugit de joie.

– Maintenant ! ordonne le poulpe à un de ses sbires.

À l'intérieur, un poulpe active le rayon. Aussitôt, le sérum vert enveloppe tous les pingouins prisonniers... qui se transforment en horribles monstres !

Dave reprend pour le public :

– Vous êtes prêts ?

– Ouiiiii ! hurlent les spectateurs déchaînés.

Sur un signe du poulpe, les pingouins mutants déferlent sur la ville. À cause de la fumée, la foule ne se rend pas immédiatement compte de ce qui se passe... mais quand celle-ci se dissipe, des cris affolés s'élèvent.

Les mutants sont si effrayants que les spectateurs les repoussent en les frappant avec tout ce qui leur tombe sous la main. Les pingouins répliquent et, bientôt, tout le quartier est un vrai champ de bataille !

Depuis le sous-marin, Soldat observe la scène, désespéré. Soudain, un groupe de poulpes tombe du plafond et lui barre la route.

Hop ! Soldat saute sur le véhicule qui transporte le rayon lanceur de sérum, et s'en sert pour fuir.

Une fois à l'extérieur, il retrouve Commandant, sur le point d'avaler un chat.

– Non, Commandant, ne mange pas ça ! lui ordonne Soldat.

Mais l'esprit des pingouins est aussi affecté par la transformation...

– C'est moi, Soldat ! Je sais que tu es là, quelque part, à l'intérieur. Écoute-moi !

Commandant fait une pause, comme s'il avait compris. Puis il gobe le chat !

– Non ! Méchant Commandant ! le gronde Soldat en lui administrant une bonne claque... qui lui fait enfin reprendre ses esprits !

– Soldat ! s'écrie-t-il. Tu es vivant !

Puis il tousse, permettant ainsi au chat de prendre la poudre d'escampette.

CHAPITRE 8

Soldat se sacrifie

Commandant et Soldat parviennent ensuite à réveiller Kowalski et Rico. Les Pingouins, de nouveau au complet, rejoignent le rayon.

– J'ai pensé qu'on pourrait l'utiliser pour retransformer les mutants, explique Soldat.

Kowalski réfléchit.

– Hum... Pour cela, il faudrait remplacer le sérum de méduses par une chose vraiment adorable... la plus adorable du monde, même.

À ces mots, Soldat a une illumination. Voilà le moment de prouver qu'il est un membre estimable et estimé dans cette équipe. Être le plus mignon du monde, c'est une mission pour lui ! Sans attendre, il saute dans le rayon.

– Non ! s'écrie Commandant.

Dans la panique, il fait tomber la télécommande du rayon, qui s'active aussitôt... et redonne son apparence normale à l'un des mutants.

Ça fonctionne ! Ils ont trouvé un moyen de retransformer les pingouins... Malheureusement le processus crée des mutations chez Soldat : une main vient de pousser sur son derrière !

– Sors de là ! lui ordonne Commandant. C'est trop dangereux.

Pourtant, devant la détermination de Soldat et l'ampleur des dégâts, le chef des Pingouins ne peut que s'incliner. Il lève le rayon pendant que Kowalski et Rico y fixent des boules à neige : elles serviront à refléter le rayon, afin qu'il atteigne plus de mutants d'un coup... mais ce mouvement attire l'attention de Dave, qui se précipite vers eux. Vite, il faut tirer ! Le problème, c'est qu'au moment où Commandant presse le bouton de la télécommande, rien ne se passe…

– Plus de piles ! comprend Commandant. Vite Rico, va m'en chercher !

Rico court vers l'épicerie la plus proche et repère des piles… juste à côté d'un rayon rempli de Cracki-From !

Pendant ce temps, Commandant et Kowalski retiennent les poulpes. *SPLASH !* Dave vient se coller sur les boules à neige fixées au rayon. Il les entoure de ses tentacules, essayant d'atteindre Soldat ! Heureusement, il ne faut pas longtemps à Rico pour revenir avec les piles... et les Cracki-From ! Commandant veut presser le bouton, mais un poulpe fait valser la télécommande dans les airs.

Kowalski tente de la rattraper, sans succès.

– Ravitaillement ! hurle alors Commandant.

Rico lui jette le paquet de Cracki-From, Commandant l'ouvre et lance un biscuit... droit sur le bouton de la télécommande !

ZAP ! Cette fois le rayon se met en marche, et le monde est momentanément englouti dans un éclair lumineux. Il se dissipe pour révéler un tentacule violet, qui s'enroule lentement autour d'un gratte-ciel !

Le rire diabolique de Dave résonne... jusqu'à ce qu'il se heurte à un mur invisible. En découvrant son reflet, le poulpe comprend soudain : il a été miniaturisé par le rayon, et le voilà prisonnier d'une de ses chères boules à neige !

Une autre bonne surprise attend Commandant, Kowalski et Rico : tous les mutants sont redevenus d'adorables pingouins. Inquiets, les trois frères se tournent vers Soldat. Comment va-t-il ?

– Une chrysalide est en train de se former autour de lui ! annonce Kowalski. Ne t'inquiète pas, Soldat, c'est parfaitement normal, ajoute-t-il.

Quand la coque qui entoure Soldat se fissure, ses frères découvrent une nouvelle mutation : Soldat a maintenant des bois de cerf sur la tête.

– Tu nous as sauvé la vie, lui déclare Commandant, une fois la surprise passée. Tu es vraiment un membre estimable et estimé dans cette équipe. Le plus estimé, même.

Fou de joie, Soldat salue Commandant, qui le salue à son tour... avant que tous se réunissent pour un câlin collectif !

– Vous croyez que c'est fini ! leur hurle alors Dave, depuis sa boule à neige. Ce n'était qu'un début… Je transformerai toutes les créatures mignonnes du monde !

Commandant jette un coup d'œil autour de lui, et repère une petite fille. Sans hésiter, il lui lance la boule à neige.

– Génial, un poulpe ! s'écrie-t-elle.

Dave lui sourit, content d'être apprécié pour une fois.

– J'espère que tu trouveras le bonheur, Dave, murmure Commandant.

C'est à ce moment-là que les agents du Vent du Nord rejoignent les Pingouins. Agent Confidentiel regarde autour de lui, ébahi.

– Je dois reconnaître que je me suis trompé sur votre compte, annonce le loup. Et il n'y a qu'un moyen de me rattraper...

– Nous donner des jetpacks ? demande Kowalski, qui a toujours voulu essayer ces engins qui ressemblent à des sacs à dos, mais qui peuvent vous propulser comme une fusée.

– On pourrait s'embrasser, propose Eva, au même moment.

Kowalski écarquille les yeux.

– Est-ce que tu viens de dire...

Le pingouin n'a pas le temps de terminer sa phrase que la chouette se jette sur lui. Commandant couvre les yeux de Soldat, qui s'exclame :

– Moi, je préfère un jetpack !

C'est ainsi que le lendemain, les quatre Pingouins découvrent enfin le plaisir de voler. Tout est parfait... à un détail près. Soldat a toujours des bois de cerf sur le crâne !

– Quand est-ce que je redeviendrai normal, moi ? demande le jeune Pingouin.

– Que signifie « normal », Soldat ? interroge Commandant en souriant. S'il y a bien une chose que nous avons apprise dans cette histoire, c'est que ce n'est pas le physique qui compte, mais la beauté intérieure !

Puis, devant l'air boudeur de Soldat, il ajoute :

– Bon, bon, très bien, on s'en occupe lundi à la première heure !

Et c'est avec des cris de joie que les Pingouins s'envolent vers leur glorieux avenir…

FIN

TABLE

hachette s'engage pour l'environnement en réduisant l'empreinte carbone de ses livres. Celle de cet exemplaire est de :
400g éq. CO_2
Rendez-vous sur
www.hachette-durable.fr

PAPIER À BASE DE
FIBRES CERTIFIÉES

Photogravure Nord Compo - Villeneuve-d'Ascq

Imprimé en Roumanie par G. Canale & C. S.A.
Dépôt légal : novembre 2014
Achevé d'imprimer : novembre 2014
66.2227.4/01 – ISBN 978-2-01-400275-1
Loi n° 49956 du 16 juillet 1949
sur les publications destinées à la jeunesse